ụlọ akwụkwọ - школа	2
njem - падарожжа	5
njem - транспарт	8
obodo - горад	10
odida obodo - краявід	14
ụlọ oriri na ọnụnụ - рэстаран	17
ụlọ ahịa - супермаркет	20
ihe ọnụnụ - напоі	22
nri - ежа	23
ugbo - сядзіба	27
ụlọ - дом	31
ime ụlọ ezumike - жылы пакой	33
usekwu - кухня	35
ụlọ ịsa ahụ - ванная	38
ụlọ nwa - дзіцячы пакой	42
uwe - адзенне	44
ụlọ ọrụ - офіс	49
akụnụba - эканоміка	51
aka ọrụ - прафесіі	53
ngwaọrụ - інструменты	56
ngwa egwu - музычныя інструменты	57
zuu - заапарк	59
egwuregwu - спорт	62
ihe omume - дзейнасць	63
ezinụlọ - сям'я	67
ahụ - цела	68
ụlọ ọgwụ - шпіталь	72
mberede - экстраная дапамога	76
Ụwa - Зямля	77
elekere - гадзіннік	79
izu - тыдзень	80
afọ - год	81
ụdị - формы	83
na agba - колеры	84
mmegide - супрацьлегласці	85
nọmba - лічбы	88
asụsụ - мовы	90
onye / ihe / olee - хто / што / як	91
ebee - дзе	92

Impressum
Verlag: BABADADA GmbH, Nedderfeld 112 , 22529 Hamburg
Geschäftsführer / Verlagsleitung: Harald Hof
Druck: Books on Demand GmbH, In de Tarpen 42, 22848 Norderstedt

Imprint
Publisher: BABADADA GmbH, Nedderfeld 112 , 22529 Hamburg, Germany
Managing Director / Publishing direction: Harald Hof
Print: Books on Demand GmbH, In de Tarpen 42, 22848 Norderstedt, Germany

ụlọ akwụkwọ
школа

nkewa
дзяліць

obosara
дошка

n'ime ụlọ akwụkwọ
класны пакой

ogige ụlọ akwụkwọ
школьны двор

onye nkuzi
настаўнік

akwụkwọ
папера

dee
пісаць

mkpịsị ode akwụkwọ
ручка

ngwaoru eji atu ihe osise
лінейка

akwụkwọ
кніга

nwa akwụkwọ
вучань

akpa
ранец

akpa pensụl
пенал

pensụl
просты аловак

nkọ pensụl
тачылка для алоўкаў

rọba
гумка

obosara ihe osise
альбом для малявання

2   ụlọ akwụkwọ - школа

ihe osise
малюнак

ahịhịa agba
пэндзлік

igbe agba
фарбы

mkpa
нажніцы

mmapa
клей

akwụkwọ mmega
сшытак

ọrụ omume ulo
хатняе заданне

nọmba
лік

2+2

tinye
дадаваць

wepụ
адымаць

ba uba
множыць

gbakọọ
лічыць

ozi
літара

abiichii
алфавіт

okwu
словы

ụlọ akwụkwọ - школа

ederede
тэкст

gụọ
чытаць

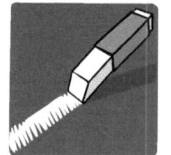
nzu
крэйда

ihe mmụta
ўрок

deba aha
класны журнал

ule
экзамен

asambodo
атэстат

uwe ụlọ akwụkwọ
школьная форма

agumakwukwo
адукацыя

akwụkwọ nkà ihe ọmụma
энцыклапедыя

mahadum
універсітэт

mikroskopu
мікраскоп

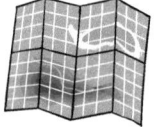
maapụ
карта

nkata-ahihia
смеццевы кошык

ụlọ akwụkwọ - школа

njem
падарожжа

- nkwari akụ / гатэль
- ụlọ mbikọ / хостэл
- ebe mgbanwe ego / абменны пункт
- akpa akwa / чамадан
- ụgbọ ala / аўтамабіль

asụsụ
мова

ee / mba
так / не

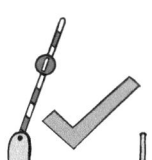

Ọdịkwa mma
добра

nnọọ
прывітанне!

onye ntughari
перекладчык

Daalụ
дзякуй

njem - падарожжа

ego ole bụ…?
Колькі каштуе….?

Aghọtaghị m
я не разумею

nsogbu
праблема

Mgbede ọma!
Добры вечар!

Ụtụtụ ọma!
Добрай раніцы!

Ka chifoo!
Дабранач!

ka ọ dị
да пабачэння

ntụziaka
кірунак

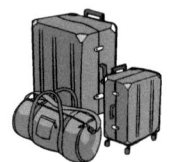

ibu
багаж

akpa
сумка

akpa azu
заплечнік

ọbịa
госць

ime ụlọ
пакой

akpa ụra
спальны мяшок

ụlọikwuu
палатка

njem - падарожжа

ozi njem nleta

інфармацыя для турыстаў

osimiri

пляж

kaadị akwụmụgwọ

крэдытная картка

nri ụtụtụ

снеданне

nri ehihie

абед

nri abalị

вячэра

tiketi

праязны білет

mbuli

ліфт

stampụ

паштовая марка

ókè

мяжа

ndị kọstọm

мытня

ụlọ ọrụ nnọchite anya obodo

пасольства

visa

віза

paspọtụ

пашпарт

njem - падарожжа

njem
транспарт

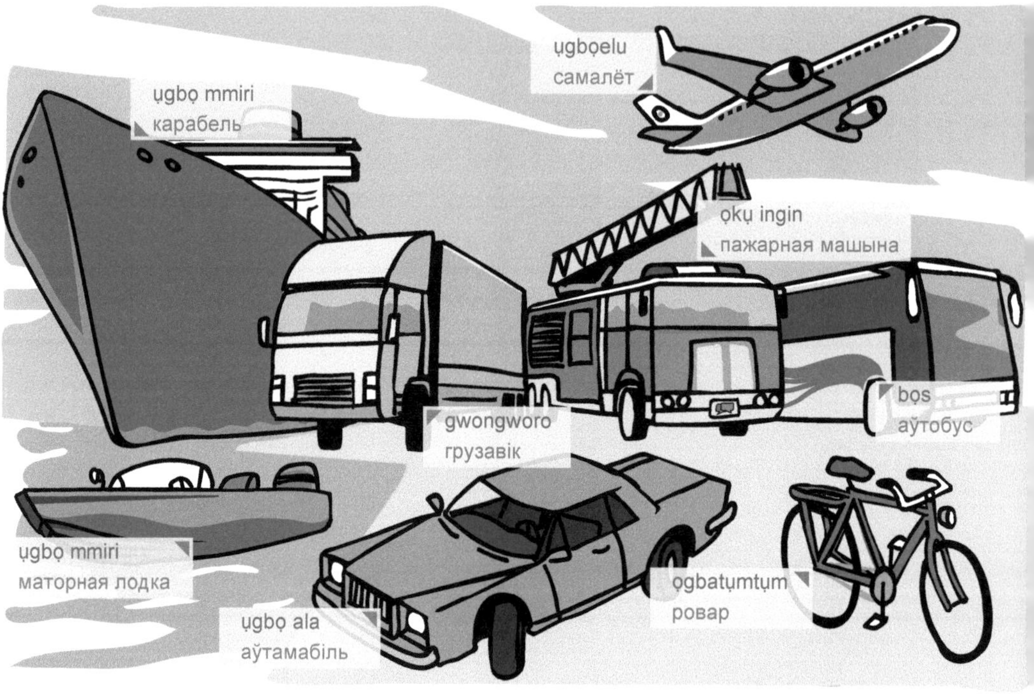

ụgbọ mmiri
карабель

ụgbọelu
самалёт

ọkụ ingin
пажарная машына

gwongworo
грузавік

bọs
аўтобус

ụgbọ mmiri
маторная лодка

ụgbọ ala
аўтамабіль

ogbatụmtụm
ровар

ugbo
паром

ụgbọ mmiri
лодка

ọgba tum tum
матацыкл

ụgbọ ala uwe ojii
паліцэйская машына

ụgbọ ala na-agba ọsọ
гоначны аўтамабіль

ụgbọ ala mgbazinye
арэндаваны аўтамабіль

nkekorita ugbo ala

сумеснае карыстанне аўтамабілем

gwongworo

эвакуатар

ugboala ntufu ahihia

смеццявоз

moto

матор

mmanu ugboala

паліва

ebe ana ere mmanu

запраўка

akara okporo uzo

дарожны знак

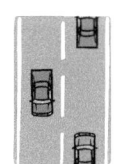

okporo uzo

дарожны рух

mkpochi okporo uzo

затор

odu ugbo ala

паркоўка

odu ugbo oloko

чыгуначная станцыя

uzo

рэйкі

ugbo oloko

цягнік

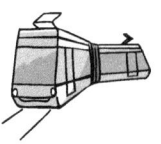

ugbo oloko

трамвай

ajuju

вагон

njem - транспарт

helikopta
верталёт

ọdụ ụgbọ elu
аэрапорт

ụlọ elu
вежа

onye njem
пасажыр

akpa
кантэйнер

katọn
кардонная скрыня

ụgbọ ibu
тачка

nkata
карзіна

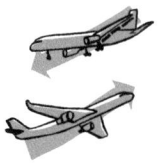
gbapụ / ala
ўзлятаць / прызямляцца

obodo
горад

obodo
вёска

etiti obodo
цэнтр горада

ụlọ
дом

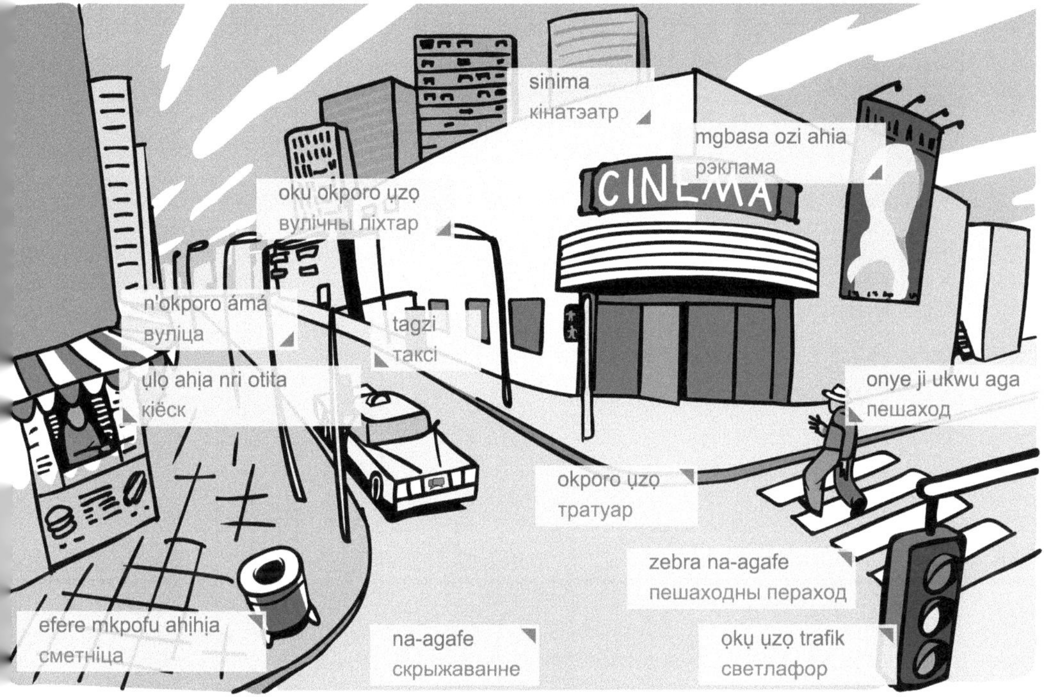

sinima
кінатэатр

mgbasa ozi ahia
рэклама

oku okporo uzo
вулічны ліхтар

n'okporo ámá
вуліца

tagzi
таксі

ulo ahia nri otita
кіёск

onye ji ukwu aga
пешаход

okporo uzo
тратуар

zebra na-agafe
пешаходны пераход

efere mkpofu ahihia
сметніца

na-agafe
скрыжаванне

oku uzo trafik
светлафор

obi

халупа

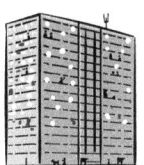

ohiha

кватэра

odu ugbo oloko

чыгуначная станцыя

nnukwu onu ulo obodo

ратуша

ihe ngosi nka

музей

ulo akwukwo

школа

obodo - горад

mahadum

універсітэт

ụlọ akụ

банк

ụlọ ọgwụ

шпіталь

nkwari akụ

гатэль

ahịa ọgwụ

аптэка

ụlọ ọrụ

офіс

ụlọ ahịa akwụkwọ

кнігарня

ụlọ ahịa

крама

onye ore fulawa

кветкавая крама

ụlọ ahịa

супермаркет

ahịa

кірмаш

ngalaba ụlọ ahịa

універмаг

onye azu

рыбная крама

ụlọ ahịa

гандлевы цэнтр

ọdụ ụgbọ mmiri

порт

obodo - горад

ogige

парк

oche

лава

akwa ngafe

мост

steepụ

лесвіца

n'okpuruala

метро

ọwara

тунэль

ebe bọs na-akwụsị

прыпынак

ụlọ mmanya

бар

ụlọ oriri na ọnụnụ

рэстаран

igbe akwụkwọ ozi

паштовая скрыня

akara okporo ụzọ

вулічны паказальнік

igwe nnara ego ndọba ụgbọala

паркамат

zuu

заапарк

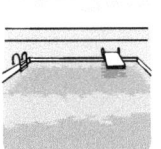

ebe igwu mmiri

басейн

ụlọ alakụba

мячэць

obodo - горад

ugbo
сядзіба

mmetọ
забруджванне навакольнага асяроддзя

ili
могілкі

ụlọ ụka
царква

ama egwuregwu
пляцоўка для гульні

ụlọnsọ
храм

odida obodo
краявід

akwụkwọ nri
ліст

akara
паказальнік

ụzọ
дарога

ahịhịa
луг

nkume
камень

osisi
дрэва

onye njem
падарожнік

osimiri
рака

ahịhịa
трава

ifuru
кветка

ndagwurugwu
даліна

ugwu
гара

ọdọ mmiri
возера

ọhịa
лес

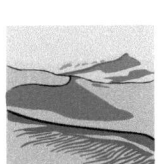
ọzara
пустыня

ugwu mgbawa
вулкан

nnukwu ụlọ
замак

eke mmiri
вясёлка

ero
грыб

nkwụ
пальма

anwụnta
камар

ofufe
муха

agbeshi
мурашка

añụ
пчала

ududo
павук

odida obodo - краявід

ahụhụ
жук

awọ
жаба

osa
вавёрка

oke ọhịa
вожык

oke oyibo
заяц

ikwiikwii
сава

nnụnụ
птушка

Agbanye
лебедзь

ezi ọhịa
дзік

mgbada
алень

anụ ọhịa
лось

ihe mgbochi mmiri
плаціна

ikuku igwe
вятрак

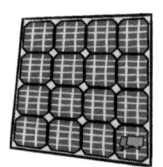
igwe anwụ
сонечная батарэя

ihu igwe
клімат

odida obodo - краявід

ụlọ oriri na ọnụnụ
рэстаран

onye na-ebu nri
афіцыянт

ndeputa nri
меню

oche
крэсла

ofe
суп

pizza
піца

ákwà tebụl
абрус

ngaji na nma
сталовыя прыборы

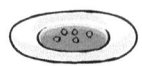

mbido
закуска

isi nri
другая страва

mmeju nri
дэсерт

ihe ọnụnụ
напоі

nri
ежа

karama
бутэлька

nri ngwa ngwa

хуткае харчаванне (фаст-фуд)

nri n'okporo ámá

стрыт-фуд

ketulu tii

імбрык (чайнік)

nnukwu efere shuga

цукарніца

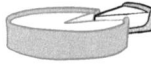

òkè

порцыя

igwe kofi

эспрэса-машына

oche dị elu

дзіцячае крэселка

ụgwọ

рахунак

efere obosara

паднос

nma

нож

ndụdụ

відэлец

ngaji

лыжка

ngaji tii

чайная лыжка

akwụkwọ oche

сурвэтка

iko

шклянка

ụlọ oriri na ọnụnụ - рэстаран

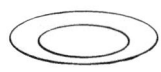

efere
талерка

efere ofe
супавая талерка

efere ihendori
сподак

ihendori
соус

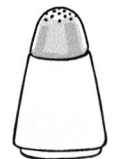

ite nnu
сальніца

igwe ose
млынок для перцу

mmanya gbara ụka
воцат

mmanụ
алей

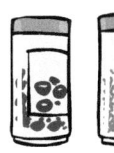

ngwa nri
спецыі

ihe ndori
кетчуп

mọstad
гарчыца

mayonezi
маянэз

ụlọ oriri na ọnụnụ - рэстаран

ụlọ ahịa
супермаркет

onyinye pụrụ iche
акцыя

onye ahịa
пакупнік

mmiri ara ehi
малочныя прадукты

mkpụrụ osisi
садавіна

ihe nyaghari
вазок

igbu anụ
мясная крама

onye ome achịcha
хлебны магазін

tụọ
важыць

akwụkwọ nri
гародніна

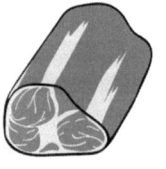

anụ
мяса

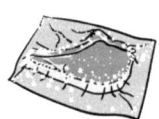

nri oyi kpọnwụrụ
свежазамарожаныя прадукты

ụlọ ahịa - супермаркет

anụ oyi

нарэзка

nri komkom

кансервы

ntụ ọsịsa

пральны парашок

ihe ụtọ

прысмакі

ngwaahịa ụlọ

хатнія прылады

ngwaahịa nhicha

чысцячы сродак

onye n'ere ahịa

прадавец

rue

каса

onye okwu ugwo

касір

ndepụta ịzụ ahịa

спіс пакупак

awa mmepe

гадзіны працы

obere akpa

бумажнік

kaadị akwụmụgwọ

крэдытная картка

akpa

сумка

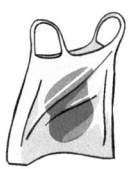

akpa rọba

пакет

ụlọ ahịa - супермаркет

ihe ọnụnụ
напоі

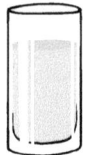
mmiri
вада

ihe ọnụọnụ
сок

mmiri ara
малако

mmanya otobiri kooku
кола

mmanya
віно

biya
піва

mmanya na egbu egbu
алкаголь

koko
какава

tii
гарбата (чай)

kọfị
кава

kofi
эспрэса

cappuccino
капучына

nri
ежа

unere

банан

apụl

яблык

oroma

апельсін

egwusi

дыня

oroma nkirisi

лімон

karọt

морква

galiki

часнок

achara

бамбук

yabasị

цыбуля

ero

грыб

akụ

арэхі

nri eriri

локшына

spaghetti

спагеці

osikapa

рыс

nri ahihia

салата

ibe

бульба фры

nduku eghere eghe

смажаная бульба

pizza

піца

achicha

гамбургер

sanwichi

бутэрброд

anụ

шніцаль

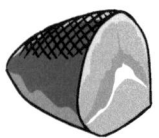

apata ụkwụ ezi

вяндліна

salami

салямі

sọseeji

каўбаса

ọkụkọ

курыца

ihunuoku

смажаніна

azụ

рыбак

nri - ежа

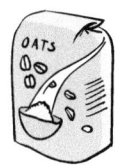

nri ǫka

аўсяныя камякі

nri ututu

мюслі

ǫka

кукурузныя шматкі

ntụ ǫka

мука

achicha

круасан

mpiakọta achicha

булачка

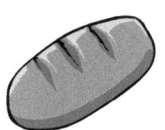

achicha

хлеб

tost

тост

biskit

пячэнне

bọta

масла

achicha

тварог

achicha

пірог

akwa

яйка

akwa eghere eghe

яечня

chiiz

сыр

nri - ежа

ihe nracha

марожанае

shuga

цукар

mmanụ ańụ

мёд

jam

варэнне

gbasaa shuga

нуга

kọrị

кары

ugbo
сядзіба

ụlọ ọrụ ubi — хата
n'oba — хлеў
ahịhịa bale — цюк саломы
ubi — поле
ịnyịnya — конь
ugboala na-adọkpụ ugbọ — прычэп
nwa ewu — жарабя
trakto — трактар
ịnyịnya ibu — асёл
nwa atụrụ — ягня
atụrụ — авечка

mkpi
каза

ehi
карова

nwa ehi
цяля

ezi
свіння

nwa ezi
парася

ehi
бык

ugbo - сядзіба

ọgazị

гусак

odoguma

качка

nwa okuko

кураня

nne okuko

курыца

oke ọkpa

певень

oke

пацук

pusi

кот

oke

мыш

ehi

вол

nkịta

сабака

nkịta ụlọ

сабачая будка

paipu nhicha ogige

садовы шланг

iko mgbara mmiri

палівачка

scythe

каса

ịkọ

плуг

ugbo - сядзіба

mma ohia

серп

ogu

матыка

fok ahihia

вілы для гною

anyu-ike

сякера

wiilbaro

тачка

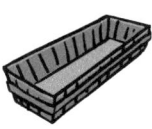

ubi

карыта

komkom mmiri ara ehi

бітон для малака

akpa

мех

ngere

плот

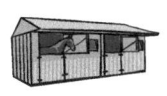

uloanu

хлеў

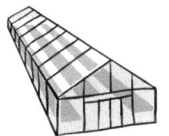

ulo glaasi

цяпліца

ala

глеба

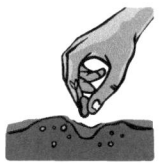

mkpuru

насенне

fatilaiza

угнаенне

njikota ihe ubi

камбайн

ugbo - сядзіба

owuwe ihe ubi

збіраць ураджай

owuwe ihe ubi

ураджай

ji

ямс

ọka wit

пшаніца

soya

соя

nduku

бульба

ọka

кукуруза

mkpụrụ osisi

рапс

osisi mkpụrụ osisi

садовае дрэва

akpu

маніёк

nri ọka

збожжа

ugbo - сядзіба

ụlọ
дом

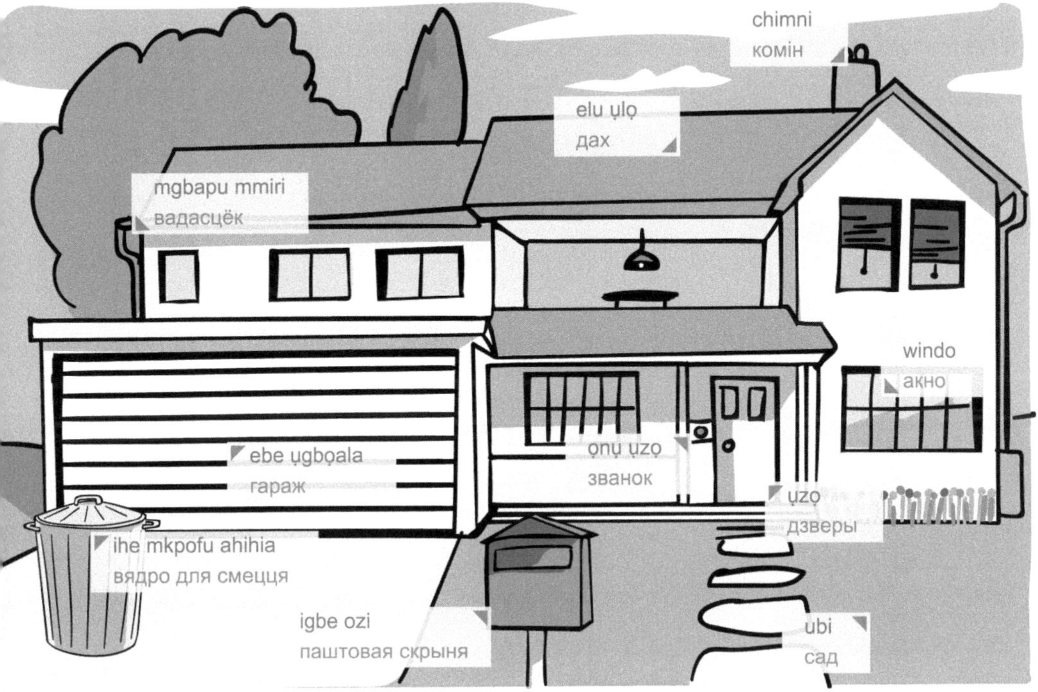

chimni
комін

elu ụlọ
дах

mgbapu mmiri
вадасцёк

windo
акно

ebe ụgbọala
гараж

ọnụ ụzọ
званок

ụzọ
дзверы

ihe mkpofu ahihia
вядро для смецця

igbe ozi
паштовая скрыня

ubi
сад

ime ụlọ ezumike

жылы пакой

ụlọ ịsa ahụ

ванная

usekwu

кухня

ime ụlọ

спальны пакой

ụlọ nwa

дзіцячы пакой

ime ụlọ erimeri

сталоўка

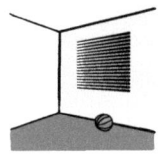

ala

падлога

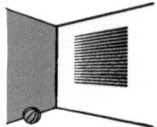

mgbidi

сцяна

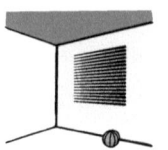

uko ụlọ

столь

okpuru ụlọ

падвал

sawụna

саўна

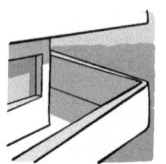

ihu mbara

балкон

mbara ihu ulo

тэраса

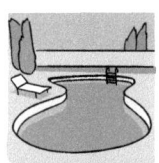

ọdọ mmiri

басейн

igwe eji asụ ahịhịa

касілка

mpempe akwụkwọ

падкоўдранік

ihe ndina akwa

коўдра

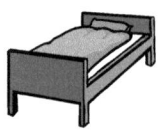

akwa ndina

ложак

aziza

венік

bọket

вядро

mgba ọkụ

выключальнік

ime ụlọ ezumike
жылы пакой

akwụkwọ ahụaja / шпалеры
foto / малюнак
oriọna / лямпа
ụkọ / паліца
kọbọd / шафа
ekwú ọkụ / камін
onyonyo / тэлевізар
ifuru / кветка
kwushin / падушка
ite / ваза
sofa / канапа
ime njikwa / пульт

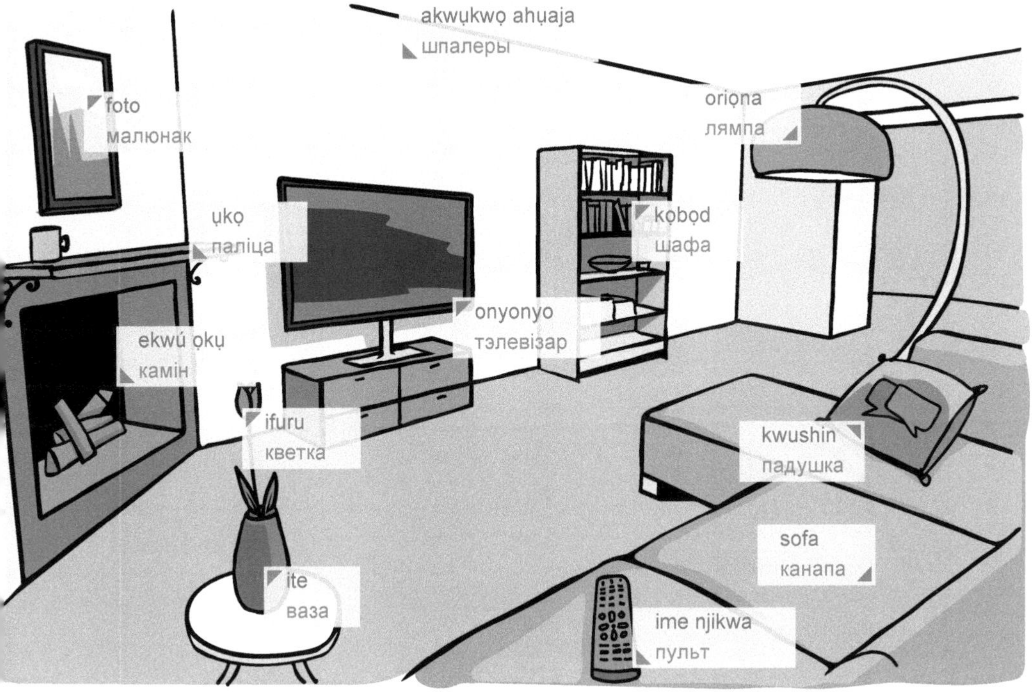

kapeeti
дыван

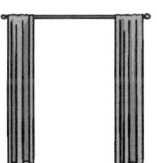

ákwà mgbochi
фіранка

tebụl
стол

oche
крэсла

mkpatụ oche
крэсла-качалка

oche
крэсла

ime ụlọ ezumike - жылы пакой

akwụkwọ
кніга

akwa mkpuchi
коўдра

ihe ochicho mma
дэкарацыя

nkụ
дровы

ihe nkiri
кіно

ngwa hi-fi
стэрэасістэма

igodo
ключ

akwụkwọ akụkọ
газета

eserese
карціна

posta
постар

redio
радыё

akwụkwọ ozi
нататнік

igwe nhicha ala
пыласос

kaktus
кактус

kandụl
свечка

ime ụlọ ezumike - жылы пакой

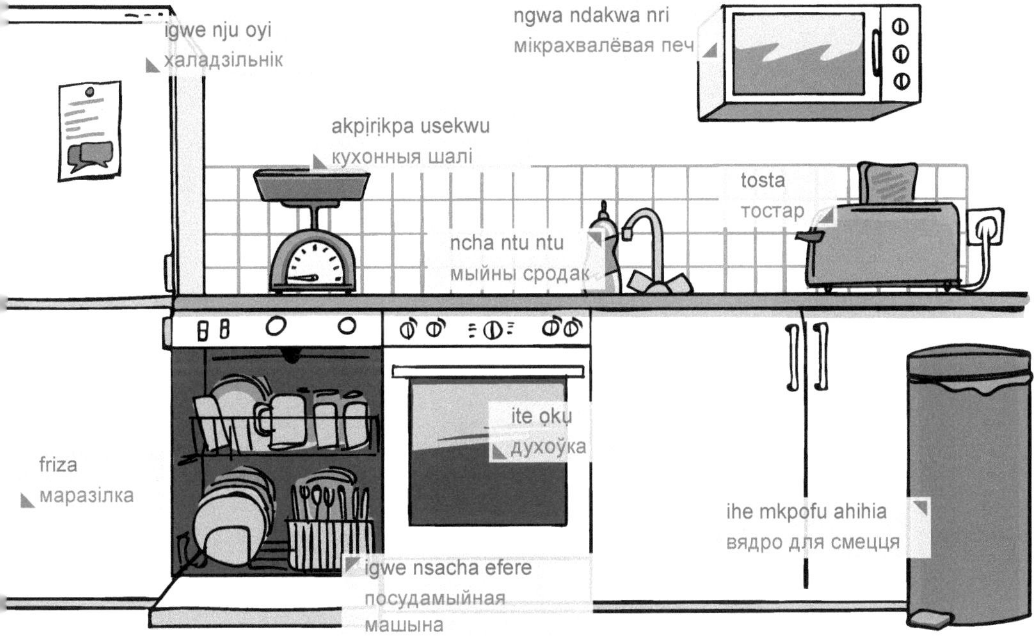

usekwu
кухня

igwe nju oyi
халадзільнік

ngwa ndakwa nri
мікрахвалёвая печ

akpịrịkpa usekwu
кухонныя шафі

tosta
тостар

ncha ntu ntu
мыйны сродак

friza
маразілка

ite ọkụ
духоўка

ihe mkpofu ahịhịa
вядро для смецця

igwe nsacha efere
посудамыйная машына

osi ite

пліта

ite

рондаль

ite-igwe

чыгунок

wok / kadai

Вок / кадаі

ite mmanụ ọkụ

патэльня

ketulu

чайнік

ụzọkụ

параварка

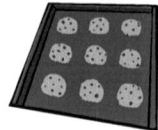

efere nri

бляха

ite mmiri

посуд

iko

кубак

nnukwu efere

міска

osisi

палачкі для ежы

ngazi

чарпак

ngazi mmanụ ọkụ

лапатачка

ntụgharị

збівалка

nje

сіта для варэння

nyọ

сіта

nkwọ

тарка

ikwe

ступка

anụ mmịkpọ

грыль

imeghe oku

вогнішча

usekwu - кухня

boodu ncha ihe

дошка

osisi mgbati

качалка

ihe mmeghe mmanya

штопар

komkom

бляшанка

ihe mmeghe komkom

адкрывалка

ite njide

прыхваткі

efere nsacha

ракавіна

ihe nsa eze

шчотка

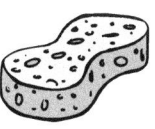

ogbo

губка

nkwori

міксер

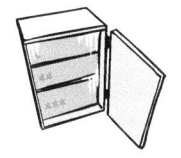

friza

маразільная камера

karama nwa

бутэлечка

mkporu mmiri

вадаправодны кран

usekwu - кухня

ụlọ ịsa ahụ
ванная

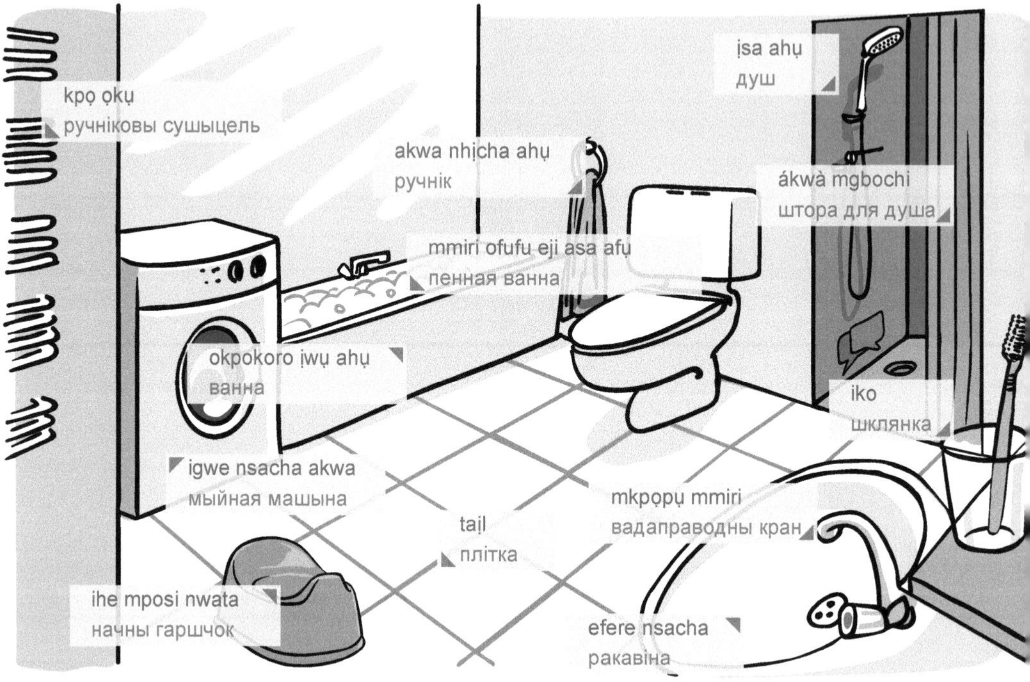

- ịsa ahụ — душ
- kpọ ọkụ — ручнікавы сушыцель
- akwa nhịcha ahụ — ручнік
- ákwà mgbochi — штора для душа
- mmiri ofufu eji asa afụ — пенная ванна
- okpokoro iwụ ahụ — ванна
- iko — шклянка
- igwe nsacha akwa — мыйная машына
- taịl — плітка
- mkpọrụ mmiri — вадаправодны кран
- ihe mposi nwata — начны гаршчок
- efere nsacha — ракавіна

ụlọ mposi — туалет

mposi squat — падлогавы ўнітаз

basin eji asa ebe nzuzo ahu — бідэ

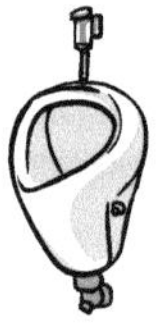

ebe inyu mmamịrị oha — пісуар

akwụkwọ mposi — туалетная папера

ahihia ụlọ mposi — шчотка для чысткі ўнітаза

brọsh

зубная шчотка

ihe nhicha eze

зубная паста

nhicha eze

зубная нітка

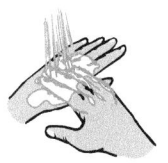

saa

мыць

ịsa aka

ручны душ

isa mmiri showa

інтымны душ

nnukwu efere nsacha

умывальнік

agba ahịhịa eji ete penti

шчотка для спіны

ncha

мыла

ncha mmiri nsa ahu

гель для душа

ncha ntutu

шампунь

uwe ajiajuru

вяхотка

mgbapu mmiri

вадасцёк

ude

крэм

senti

дэзадарант

ụlọ ịsa ahụ - ванная

enyo
люстэрка

enyo aka
касметычнае люстэрка

rezo
станок для галення

ụfụfụ ịkpụ afụ
пена для галення

mgbe emechara aji
ласьён пасля галення

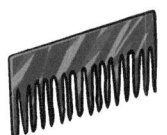

mbo
грэбень

ahịhịa
шчотка

okponku ntutu
фен

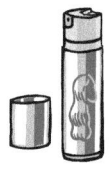

Ihe mmiri ana agba na isi
лак для валасоў

ntecha
касметыка

mmanụ ọnụ
памада

ntecha mbọ aka
лак для пазногцяў

owu
вата

mkpa mbọ aka
манікюрныя нажніцы

senti
духі

40   ụlọ ịsa ahụ - ванная

akpa uwe
касметычка

oche
табурэтка

erikpu
вагі

akwa towelu
лазневы халат

gloovu roba
санітарныя пальчаткі

ihe mkpuchi obara ogbugbua
тампон

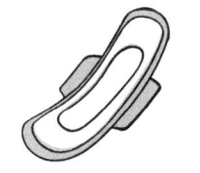
ihe mkpuchi nso nwanyi
гігіенічныя пракладкі

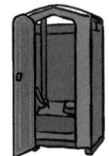
ụlọ mposi
біятуалет

ụlọ ịsa ahụ - ванная

ụlọ nwa

дзіцячы пакой

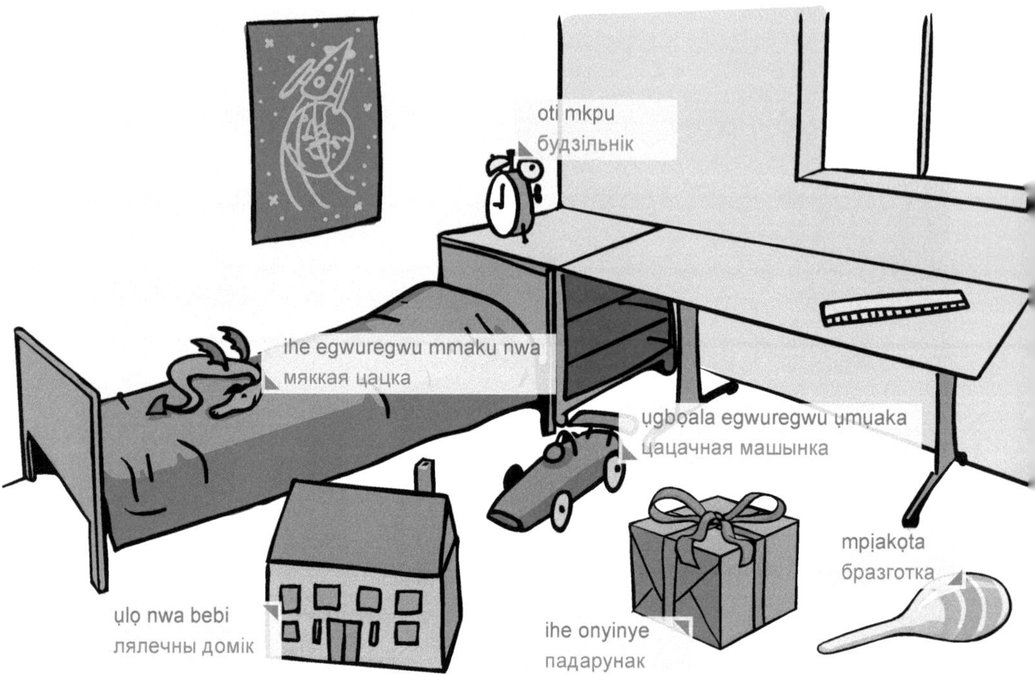

oti mkpu
будзільнік
ihe egwuregwu mmaku nwa
мяккая цацка
ụgbọala egwuregwu ụmụaka
цацачная машынка
mpịakọta
бразготка
ụlọ nwa bebi
лялечны домік
ihe onyinye
падарунак

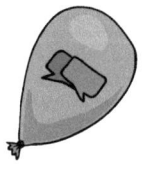

balun

надзіманы шарык

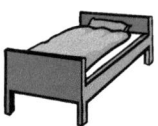

akwa ndina

ложак

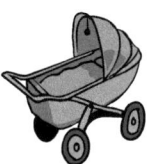

ihe obu nwa

дзіцячая каляска

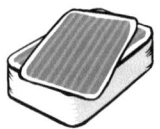

oche kaadị

калода картаў

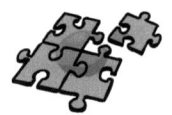

egwuregwu mgbagwoju anya

пазл

SUPER MEGA

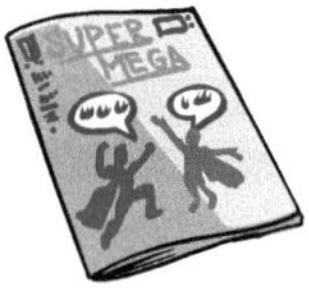

na-atọ ọchị

комікс

lego brik

канструктар "Лега"

ihe owuwu ụlọ

канструктар

ihe ngosi ọgụ

экшэн-фігурка

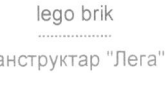

utonwa

дзіцячы гарнітур

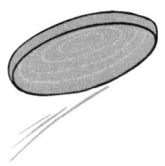

ihe egwuregwu diski na efe efe

фрызбі

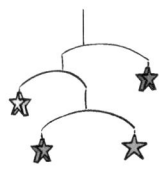

mbughari

дзіцячы мабіль

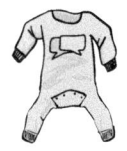

bọọdụ egwuregwu

настольная гульня

dais

кубік

nlereanya ụgbọ okporo ígwè

дзіцячая чыгунка

ihe oyiri mmadu eji egosi akwa

пустышка

otu

дзіцячае свята

akwụkwọ foto

кніга з малюнкамі

bọọlụ

мячык

nwa bebi

лялька

kpọọ

гуляцца

ụlọ nwa - дзіцячы пакой

olulu aja

пясочніца

janglova

арэлі

ihe egwuregwu gasi

цацкі

ihe egwuregwu vidiyo

гульнявая відэа прыстаўка

ogbatumtum

трохколавы ровар

ihe egwuregwu ụmụaka

плюшавы мішка

wodrobu

шафа

uwe
адзенне

sọks

шкарпэткі

sọks

панчохі

uwe ime ahu

калготкі

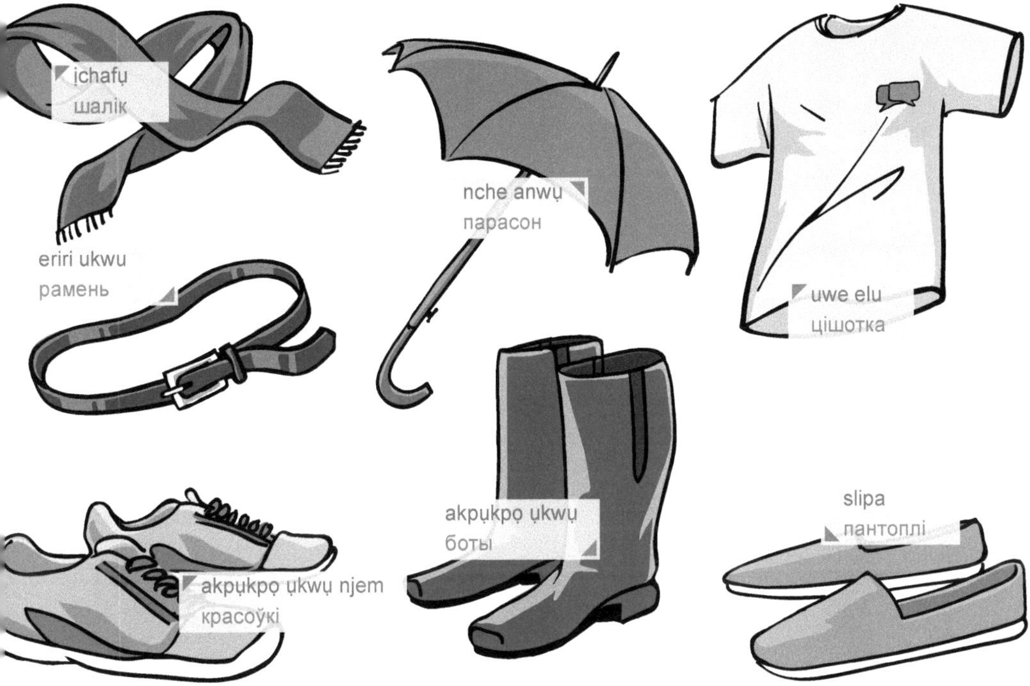

ichafu
шалік

nche anwụ
парасон

uwe elu
цішотка

eriri ukwu
рамень

akpụkpọ ụkwụ
боты

slipa
пантоплі

akpụkpọ ụkwụ njem
красоўкі

akpụkpọ ụkwụ
сандалі

akpụkpọ ụkwụ
абутак

akpụkpọ ụkwụ roba
гумовыя боты

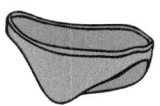

uwe ime ahu
трусы

efe ara
бюстгальтар

uwe na enweghi aka
майка

ahụ
бодзі

trauza
штаны

trauza siri ike
джынсы

sket
спадніца

uwe elu nwanyi
блузка

uwe elu
кашуля

akwa njuoyi eji isi eyi
джэмпер

uwe njuoyi
талстоўка

jakeeti
блэйзер

jakeeti
куртка

ochu oyi uwe elu
паліто

akwa mmiri
дажджавік

ekike
касцюм

uwe ogologo
сукенка

uwe agbamakwụkwọ
вясельная сукенка

uwe suutu

касцюм

uwe abalị

начная сарочка

pajamas

піжама

uwe umunwanyi Indian

сары

mkpuchi isi

хустка

okpu

цюрбан

akwa mkpuchi ihu

паранджа

uwe ogologo nwanyi

каптан

abaya

Абая

akwa mmiri

купальнік

uwe eji egwu mmiri

плаўкі

nịịka

шорты

uwe mmega ahụ

спартыўны касцюм

uwe nchekwa

фартух

uwe aka

пальчаткі

bọtinụ

гузік

ugegbe anya

акуляры

mgbaaka

бранзалет

eriri olu

каралі

mgbanaka

кальцо

ola nti

завушніца

okpu

кепка

ihe nkowe uwe elu

вешалка

okpu

капялюш

tai

гальштук

nzichi

маланка

okpu agha

шлем

ihe njide eze

падцяжкі

uwe ụlọ akwụkwọ

школьная форма

mbonotu

уніформа

uwe - адзенне

ọghọ nri nwa

нагруднік

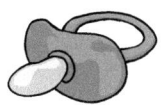

ihe oyiri mmadu eji egosi akwa

пустышка

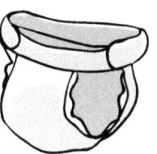

akwa nwanye nwa

падгузнік

ụlọ ọrụ
офіс

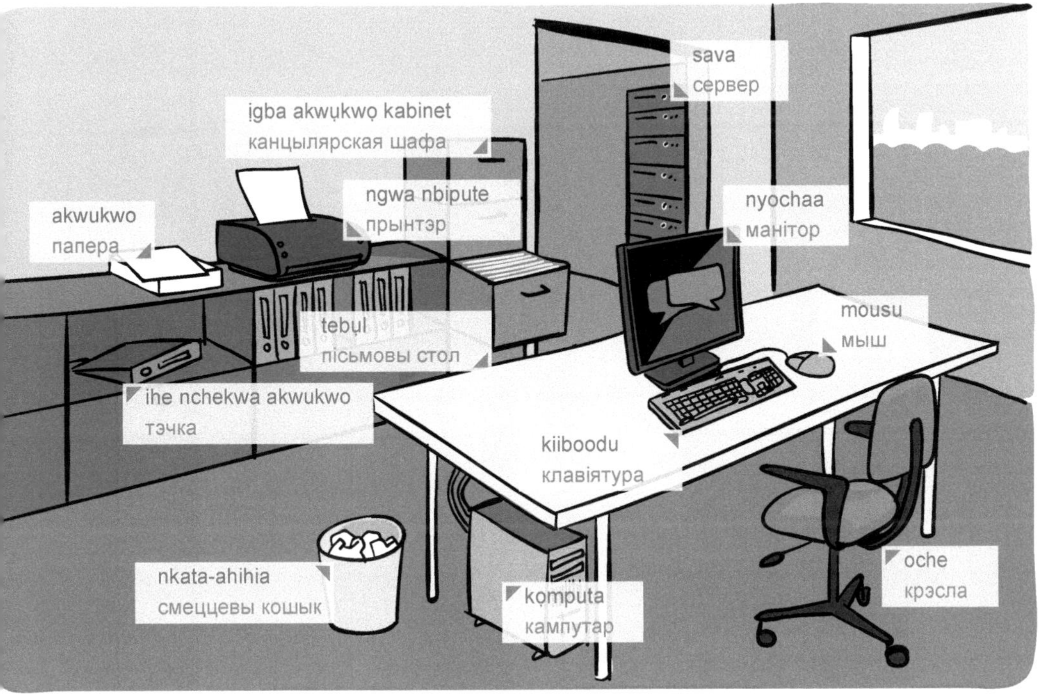

igba akwụkwọ kabinet
канцылярская шафа

ngwa nbipute
прынтэр

sava
сервер

nyochaa
манітор

akwukwo
папера

tebụl
пісьмовы стол

mousu
мыш

ihe nchekwa akwukwo
тэчка

kiiboodu
клавіятура

nkata-ahihia
смеццевы кошык

kọmputa
кампутар

oche
крэсла

iko kọfị

кубак для кавы (філіжанка)

igwe mgbakọ

калькулятар

ịntaneti

інтэрнэт

laptọọpụ
ноўтбук

leta
ліст

ozi
паведамленне

mkpanaka
мабільны тэлефон

netwọk
сетка

ihe mbiputa
ксеракс

ngwanrọ
праграмнае забеспячэнне

ekwentị
тэлефон

ebe nkwụnye
разетка

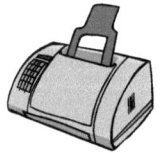
igwe fax
факс

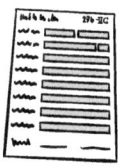
ụdị
фармуляр

akwụkwọ
дакумент

ụlọ ọrụ - офіс

akụnụba
эканоміка

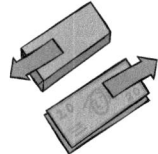  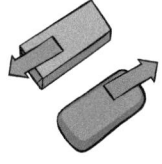

zụta — купляць

kwuo ugwo — плаціць

ahia — гандляваць

ego — грошы

ego ndị Amerịka — долар

ego ndị Eruopu — еўра

ego ndị japanizị — ена

ego ndị Rusian — рубель

Switzerland franc — франк

renminbi yuan — кітайскі юань

ego ndị Indian — рупія

ebe akwụmụgwọ — банкамат

ebe mgbanwe ego
абменны пункт

ọla edo
золата

ọlaọcha
срэбра

mmanụ
нафта

ume
энергія

ọnụahịa
цана

nkwekọrịta
кантракт

ụtụ
падатак

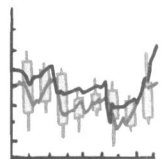
ngwaahịa
акцыя

ọrụ
працаваць

onye ọrụ
служачы

onye were gị n'ọrụ
працадаўца

ụlọ ọrụ mmeputa ngwahịa
фабрыка

ụlọ ahịa
крама

akụnụba - эканоміка

aka ọrụ
прафесіі

onye uwe ojii
паліцыянт

onye mmenyu oku
пажарны

okwọ ụgbọelu
пілот

dibia bekee
доктар

esi nri
кухар

onye na-elekọta ubi
садоўнік

ọkwa nkà
слесар

akwa nwanyị
швачка

ọka ikpe
суддзя

kemist
хімік

onye ome ihe nkiri
артыст

ọkwọ ụgbọ ala

кіроўца аўтобуса

ọkwọ ụgbọ ala

таксіст

onye ọkụ azụ

рыбак

nwanyị nhicha

прыбіральшчыца

roofer

страхар

onye na-ebu nri

афіцыянт

dinta

паляўнічы

onye na-ese ihe

мастак

onye osi ite

пекар

onye ndozi ọkụ eletrik

электрык

onye na-ewu ụlọ

будаўнік

njinia

інжынер

onye na-egbu anụ

мяснік

plọmba

сантэхнік

onye ozi

паштальён

aka ọrụ - прафесіі

onye agha
салдат

onye na-ese ụkpụrụ ụlọ
архітэктар

onye okwu ugwo
касір

ore fulawa
фларыст

onye na-edozi ntutu isi
цырульнік

kondokto
кандуктар

onye n'arụzi ụgbọala
механік

onyeisi
капітан

dibia bekee eze
стаматолаг

ọkà mmụta sayensị
вучоны

rabaị
рабін

imam
імам

mọnk
манах

ụkọchukwu
святар

aka ọrụ - прафесіі

ngwaọrụ
інструменты

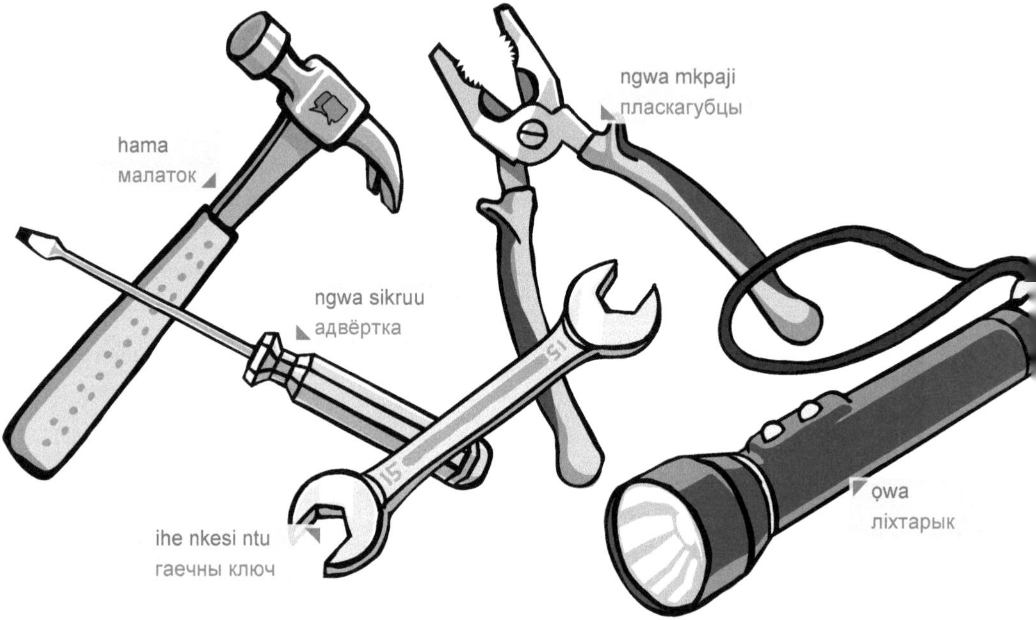

hama
малаток

ngwa mkpajị
пласкагубцы

ngwa sikruu
адвёртка

ihe nkesi ntu
гаечны ключ

ọwa
ліхтарык

igwu ala

экскаватар

igbe ngwaọrụ

скрыня для інструментаў

ubube

дравіны

nkwọ

піла

mbọ

цвікі

igwe mkpọrụ

дрыль

mezie
рамантаваць

ihe eji egwu ala
рыдлеўка

Ụchụ!
Халера!

efere ájá
шуфлік для смецця

ite agba
вядро з фарбаю

ntu
балты

ngwa egwu
музычныя інструменты

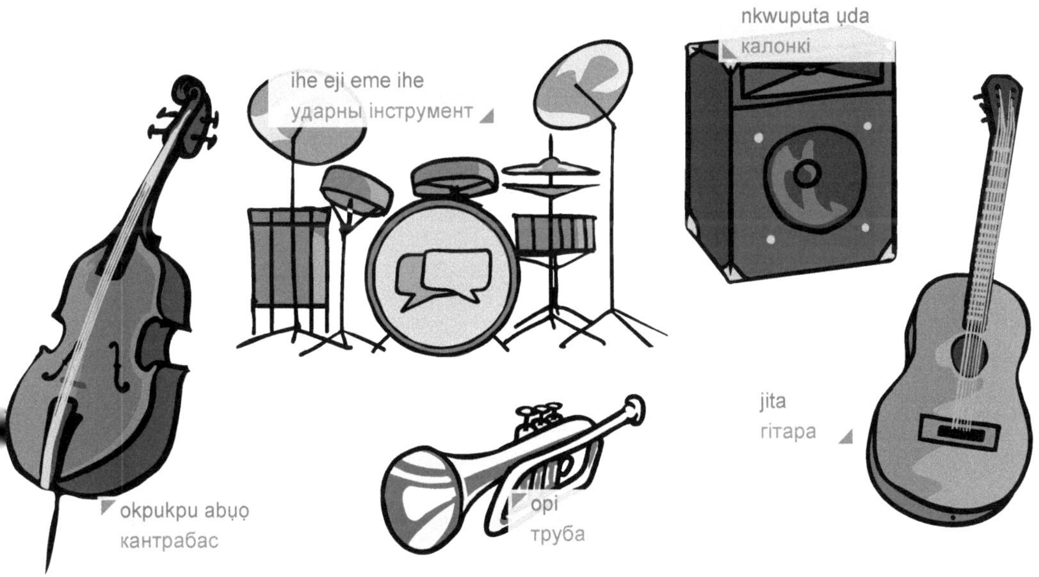

ihe eji eme ihe
ударны інструмент

nkwuputa ụda
калонкі

okpukpu abụọ
кантрабас

opi
труба

jita
гітара

kiibọọdụ
піяніна

violin
скрыпка

bass
басгітара

timpani
літаўры

ịgba
барабан

kiibọọdụ
клавішны электрамузычны інструмент

sasofone
саксафон

ojà
флейта

igwe okwu
мікрафон

ngwa egwu - музычныя інструменты

zuu
заапарк

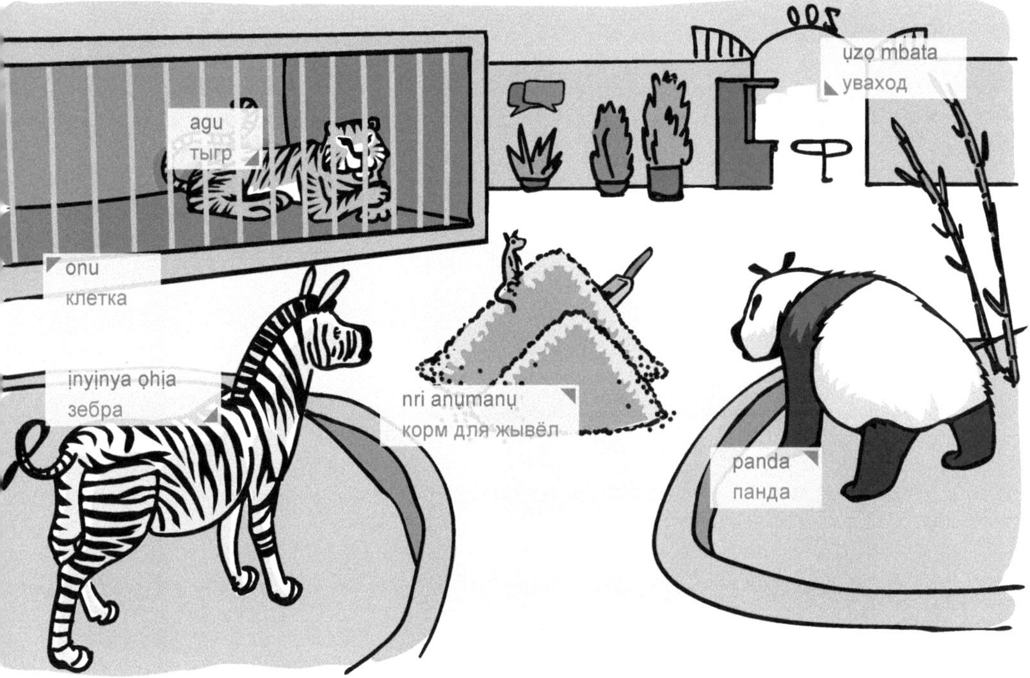

uzo mbata / уваход
agu / тыгр
onu / клетка
inyinya ohia / зебра
nri anumanu / корм для жывёл
panda / панда

anumanu
жывёлы

enyi
слон

kangaruu
кенгуру

rhino
насарог

ozodimgba
гарыла

anu ohia
мядзведзь

kamel

вярблюд

enyí nnụnụ

стравус

ọdụm

леў

enwe

малпа

flamingo

фламінга

icheku

папугай

anụ ọhịa

белы мядзведзь

nnunu mmiri

пінгвін

akụm

акула

ekwuru ụlọ

паўлін

agwo

змяя

agụ iyi

кракадзіл

onye na-elekọta zuu

наглядчык заапарка

mechie

цюлень

agu

ягуар

zuu - заапарк

iṅyiṅya

поні

agụ owuru

леапард

anụ ohịa

бегемот

girraaf

жыраф

ugo

арол

ezi ohịa

дзік

azụ

рыбак

mbe

чарапаха

anụ mmiri

морж

nkịta ohịa

ліса

mgbada

газель

zuu - заапарк

egwuregwu
спорт

egwuregwu - спорт

ihe omume
дзейнасць

dee	see	gosi
пісаць	маляваць	паказваць
kwaa	nye	nara
націснуць	даваць	браць

ihe omume - дзейнасць

nwee
маць

mee
выконваць

ịbụ
быць

guzoro
стаяць

gbaa ọsọ
бегчы

dọọ
цягнуць

tufuo
кідаць

daa
падаць

ụgha
ляжаць

chere
чакаць

buru
насіць

nọdụ ala
сядзець

yi uwe
апранацца

hie ụra
спаць

kulie
прачынацца

ihe omume - дзейнасць

lee anya

глядзець

tie mkpu

плакаць

ọrịa strok

лашчыць

mbo

прычэсвацца

kwuo

гаварыць

ighọta

разумець

jụọ

пытаць

gee ntị

чуць

ihe ọnụnụ

піць

rie

есці

dozie

прыбіраць

ịhụnanya

кахаць

isi nri

гатаваць

kwọọ

ехаць

ofufe

лятаць

ihe omume - дзейнасць

ụgbọ
плаваць пад ветразем

gbakọọ
лічыць

gụọ
чытаць

na-amụta
вучыць

ọrụ
працаваць

lụọ
уступаць у шлюб

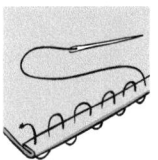
idu
шыць

ahịhịa ezé
чысціць зубы

gbue
забіваць

anwụrụ ọkụ
курыць

zipu
пасылаць

ihe omume - дзейнасць

ezinụlọ
сям'я

nne nne / бабуля

nna nna / дзядуля

nna / бацька

nne / маці

nwa / дзіця

nwa nwanyị / дачка

nwa nwoke / сын

ọbịa

госць

nwanne nne/nna

цётка

nwanne nna/nne

дзядзька

nwanne

брат

nwanne

сястра

ahụ
цела

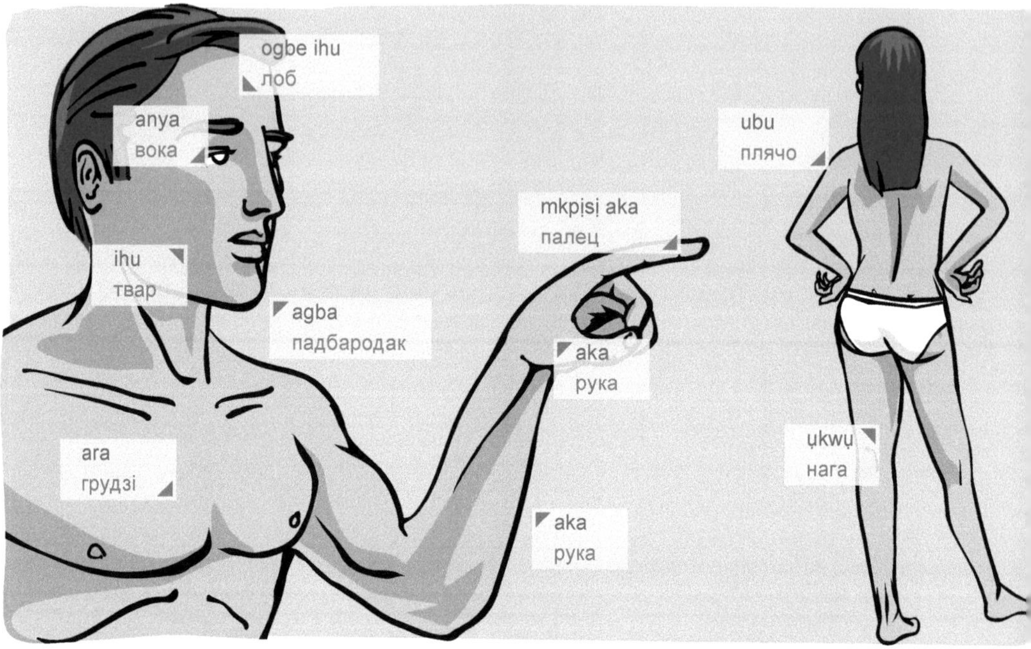

ogbe ihu / лоб
anya / вока
ihu / твар
aga / грудзі
agba / падбародак
mkpịsị aka / палец
aka / рука
aka / рука
ubu / плячо
ụkwụ / нага

nwa
дзіця

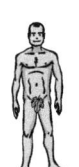

nwoke
мужчына

nwanyị
жанчына

nwa nwanyị
дзяўчынка

nwa nwoke
хлопчык

ịsị
галава

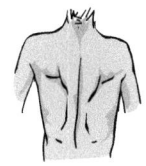

azu

спіна

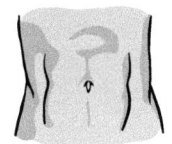

afọ

жывот

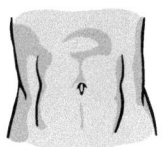

otubo

пуп

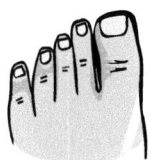

mkpisi ukwu

палец нагі

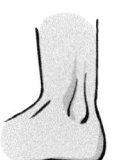

ikiri ụkwụ

пятка

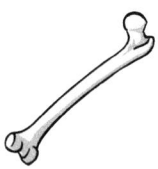

ọkpụkpụ

костка

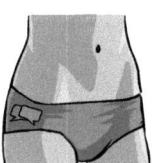

ukwu

бядро

ikpere

калена

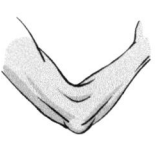

ikpere aka

локаць

imi

нос

ike

ягадзіца

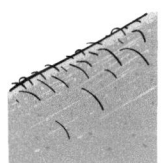

akpụ kpọ ahụ

скура

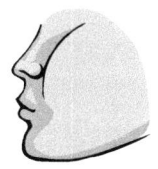

nti

шчака

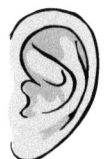

ntị

вуха

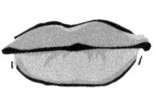

egbugbere ọnụ

губа

ahụ - цела

ọnụ

рот

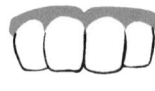

eze

зуб

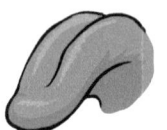

ire

язык

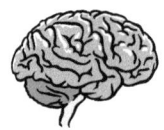

ụbụrụ

галаўны мозг

mkpụrụ obi

сэрца

akwara

мышца

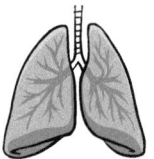

akpa ume

лёгкае

umeji

пячонка

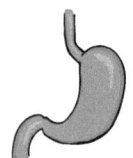

afọ

страўнік

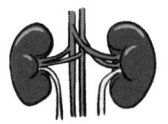

akụrụ

ныркі

mmekọahụ

сэкс

kondom

прэзерватыў

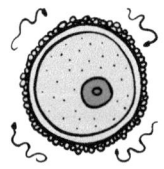

akwa nwanyị

яйцаклетка

ọbara ọcha

сперма

afọ ime

цяжарнасць

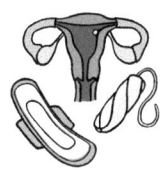
nso nwanyi
менструацыя

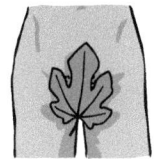
ọtụ
похва

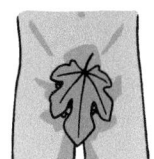
amụ
пеніс

nku anya
брыво

ntutu
валасы

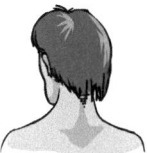
olu
шыя

ahụ - цела

ụlọ ọgwụ
шпіталь

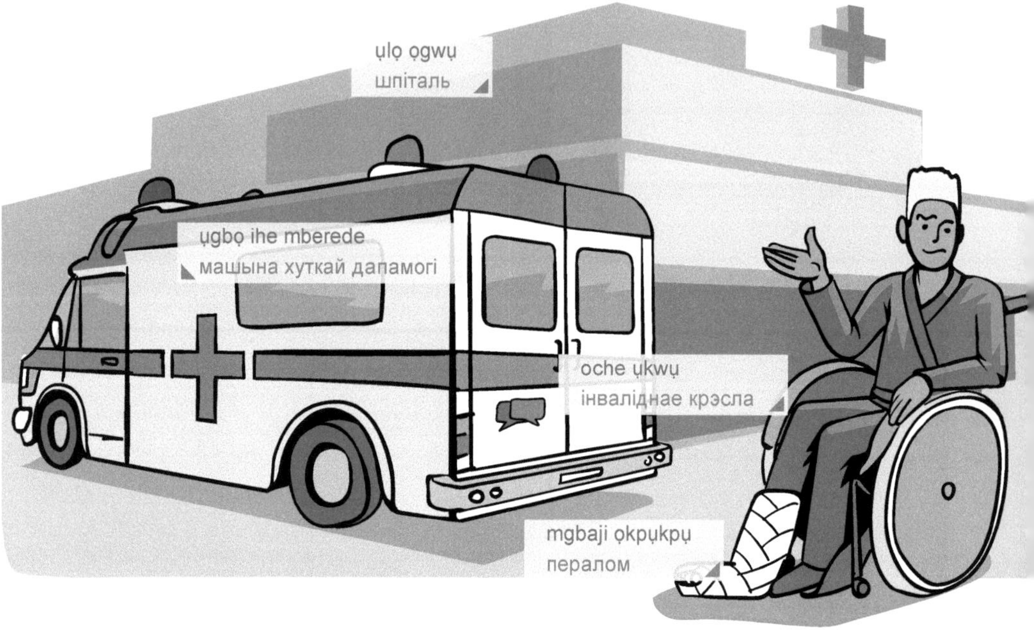

ụlọ ọgwụ
шпіталь

ụgbọ ihe mberede
машына хуткай дапамогі

oche ụkwụ
інвалідныае крэсла

mgbaji ọkpụkpụ
пералом

dibia bekee

доктар

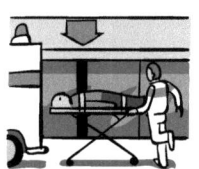

ụlọ mberede

аддзяленне першай дапамогі

nọọsụ

медсястра

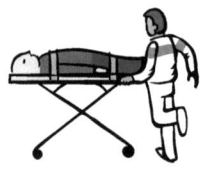

mberede

экстраная дапамога

amaghị ihe ọ bụla

непрытомны

ụfụ

боль

mmerụ ahụ

траўма

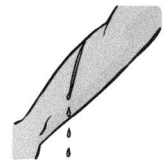

agba ọbara

крывацёк

obi nkolopu

інфаркт

ọrịa strok

апаплексія

nke ahu anataghi

алергія

ụkwara

кашаль

ahụ ọkụ

гарачка

ọrịa flu

грып

afọ ọsịsa

панос

isi ọwụwa

галаўны боль

kansa

рак

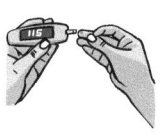

ọrịa shuga

дыябет

dọkịta na-awa ahu

хірург

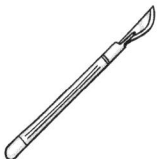

mma eji awa ahụ

скальпель

ịwa ahụ

аперацыя

ụlọ ọgwụ - шпіталь

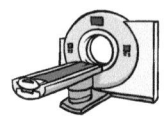
CT
КТ

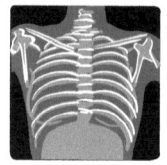
x-ree
рэнтген

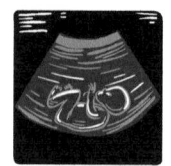
nyocha ime ahu
ультрагук

nkpuchi ihu
маска

ọria
хвароба

ebe nchekwa
пачакальня

mkpara
мыліца

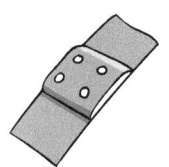
nnyachi
пластыр

bandeeji
бінт

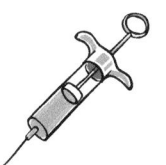
ọgwụ ọgbụgba
ін'екцыя

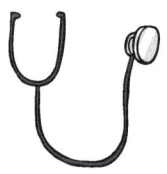
stetoskop
стэтаскоп

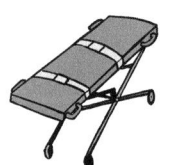
Igwe eji ibu mmadu
насілкі

temometa ụlọgwụ
градуснік

omumu
нараджэнне

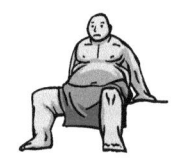
ibufe oke ibu
лішняя вага

ụlọ ọgwụ - шпіталь

enyemaka ịnụ ihe

слухавы апарат

mmiri ogwụ nje

дэзінфекцыйны сродак

ọrịa nje

інфекцыя

nje

вірус

Ọrịa HIV/AIDS

ВІЧ/СНІД

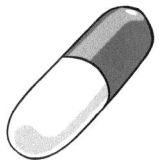

ogwụ

лекі

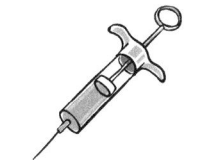

ịgba ọgwụ mgbochi ọrịa

прышчэпка

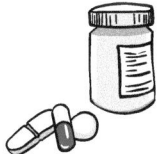

mkpụrụ ogwụ

таблеткі

mkpụrụ ogwụ

супрацьзачаткавая таблетка

oku mberede

экстраны выклік

nyochaa ọbara mgbali

танометр

na-arịa ọrịa / ahụike

хворы / здаровы

ụlọ ọgwụ - шпіталь

mberede

экстраная дапамога

Nyerem aka!
Ратуйце!

oti mkpu
сігналізацыя

wakpo
напад

ọgụ
атака

ihe egwu
небяспека

ụzọ ọpụpụ mberede
аварыйны выхад

Ọkụ!
Пажар!

mmenyu ọkụ
вогнетушыцель

ọghọm
аварыя

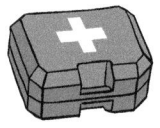

akpa enyemaka mbụ
аптэчка

SOS
СОС

ndị uwe ojii
паліцыя

Ụwa
Зямля

Europe

Еўропа

North Amerika

Паўночная Амерыка

South Amerika

Паўднёвая Амерыка

Africa

Афрыка

Eshia

Азія

Ọstrelia

Аўстралія

Atlantic

Атлантычны акіян

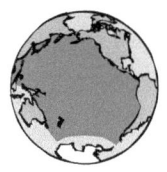

Pasifik

Ціхі акіян

Oke Osimiri Indian

Індыйскі акіян

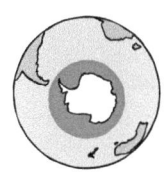

Oke Osimiri Antarctic

Паўднёвы ледавіты акіян

Oke Osimiri Arctic

Паўночны ледавіты акіян

Ebe Ugwu

Паўночны полюс

Ebe Ọdịda anyanwu

Паўднёвы полюс

Antarctica

Антарктыда

Ụwa

Зямля

ala

краіна

oké osimiri

мора

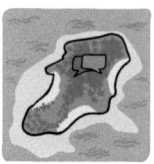

agwaetiti

востраў

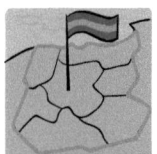

mba

нацыя

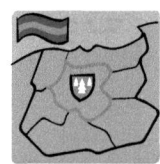

steeti

дзяржава

elekere
гадзіннік

ihu elekere	aka awa	aka nkeji
цыферблат	гадзінная стрэлка	хвілінная стрэлка

  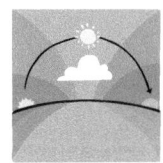

ihe ejigoro	Kedu ihe na-akụ?	ụbọchị
секундная стрэлка	Колькі часу?	дзень

oge	ugbu a	elekere dijitalụ
час	зараз	электронны гадзіннік

nkeji	awa
хвіліна	гадзіна

elekere - гадзіннік

izu
тыдзень

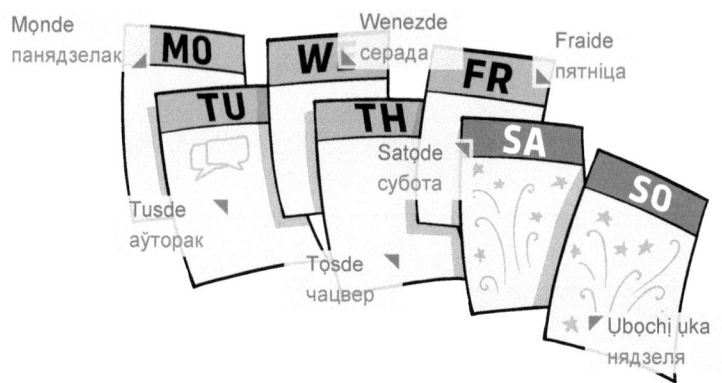

Mọnde — панядзелак
Tusde — аўторак
Wenezde — серада
Tọsde — чацвер
Fraide — пятніца
Satọde — субота
Ubọchị ụka — нядзеля

ụnyaahụ
ўчора

taa
сёння

echi
заўтра

ututu
раніца

ehihie
абед

mgbede
вечар

MO	TU	WE	TH	FR	SA	SU
1	2	3	4	5	6	7
8	9	10	11	12	13	14
15	16	17	18	19	20	21
22	23	24	25	26	27	28
29	30	31	1	2	3	4

ụbọchị azụmahịa
працоўныя дні

MO	TU	WE	TH	FR	SA	SU
1	2	3	4	5	6	7
8	9	10	11	12	13	14
15	16	17	18	19	20	21
22	23	24	25	26	27	28
29	30	31	1	2	3	4

izu ụka
выхадныя

afọ
год

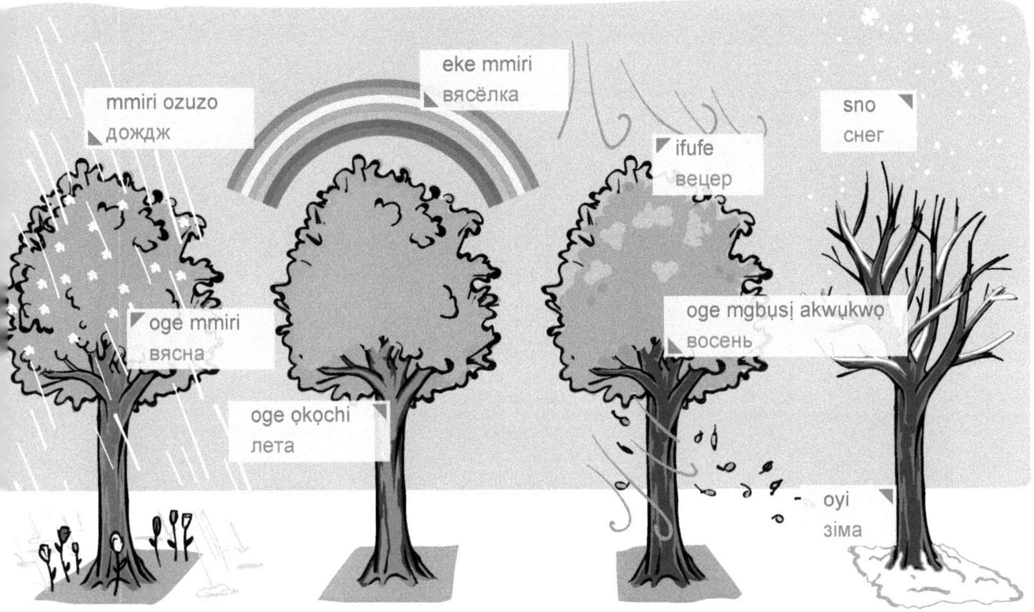

mmiri ozuzo / дождж

eke mmiri / вясёлка

sno / снег

ifufe / вецер

oge mmiri / вясна

oge okochi / лета

oge mgbụsị akwụkwọ / восень

oyi / зіма

amụma ihu igwe

прагноз надвор'я

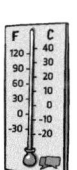

temometa

градуснік

anwụ

сонечнае святло

igwe ojii

воблака

foogu

туман

iru mmiri

вільготнасць паветра

àmụmà

маланка

égbè eluigwe

гром

oké mmiri ozuzo

бура

aki mmiri

град

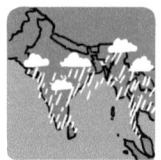

udu mmiri

мусонны вецер

ide mmiri

прыліў

aiz

лёд

Jenụwarị

студзень

Febụwarị

люты

Machị

сакавік

Eprel

красавік

Mee

май

June

чэрвень

Julaị

ліпень

Ọgọst

жнівень

82   afọ - год

Septemba
верасень

Oktọba
кастрычнік

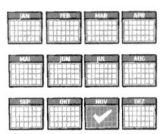
Nọvemba
лістапад

Disemba
снежань

ụdị
формы

okirikiri
круг

akuku anọ
квадрат

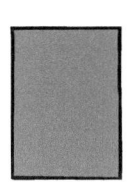
rektangulu
прамавугольнік

akuku atọ
трохвугольнік

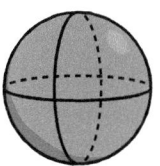
okirikiri
шар

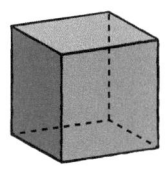
igbe
куб

na agba
колеры

acha ọcha
белы

acha edo edo
жоўты

acha oroma
аранжавы

acha pink
ружовы

acha uhie uhie
чырвоны

acha odo odo
фіялетавы

acha anụnụ anụnụ
сіні

acha akwụkwọ ndụ
зялёны

acha aja aja
карычневы

acha isi awọ
шэры

eji oji
чорны

mmegide
супрацьлегласці

otutu / ntakịrị

шмат / мала

iwe / juu

злы / добры

mara mma / jọrọ njọ

прыгожы / брыдкі

mbido / njedebe

пачатак / канец

nnukwu / obere

высокі / малы

na-enwu / ọchịchịrị

светлы / цёмны

nwanne nwoke / nwanne nwanyị

сястра / брат

dị ọcha / unyi

чысты / брудны

mezue / ezughi ezu

поўны / няпоўны

ụbọchị / abalị

дзень / ноч

nwụrụ anwụ / dị ndụ

мёртвы / жывы

obosara / warara

шырокі / вузкі

mmegide - супрацьлегласці 85

oriri / erighị

ядомы / неядомы

ọjọọ / obiọma

злы / добры

obi ụtọ / nkịtị gwụrụ

узбуджаны / нудны

abụba / mkpa

тоўсты / тонкі

mbụ / ikpeazụ

першы / апошні

enyị / iro

сябар / вораг

juru eju / efu

поўны / пусты

ike / adụ

цвёрды / мяккі

arọ / mfe

важкі / лёгкі

agụụ / akpịrị ịkpọ nkụ

голад / смага

na-aria ọria / ahụike

хворы / здаровы

n'uzo na ezighi ezi / iwu

нелегальны / легальны

onye nwere ọgụgụ isi / onye nzuzu

разумны / дурны

aka ekpe / aka nri

левы / правы

dị nso / tere anya

побач / далёка

ọhụrụ / jiri
новы / былы ва ўжыванні

enweghi ihe / enwere ihe
нічога / нешта

agadi / nwata
стары / малады

gbanye / gbanyụọ
укл / выкл

mepe / mechie
адчынены / зачынены

jụụ / dara ụda
ціхі / гучны

ogaranya / ogbenye
багаты / бедны

ziei ezi / ezighi ezi
правільна / няправільна

siri ike / lariị
шурпаты / гладкі

mwute / obi ụtọ
сумны / шчаслівы

mkpụmkpụ / ogologo
кароткі / доўгі

nwayọọ / ngwa ngwa
павольны / хуткі

dị mmiri / kpọrọ nkụ
вільготны / сухі

na-ekpo ọkụ / dị jụụ
цёплы / халаднаваты

agha / udo
вайна / мір

mmegide - супрацьлегласці

nọmba
лічбы

0 — efu — нуль

1 — otu — адзін

2 — abụọ — два

3 — atọ — тры

4 — anọ — чатыры

5 — ise — пяць

6 — isii — шэсць

7 — asaa — сем

8 — asatọ — восем

9 — itolu — дзевяць

10 — iri — дзесяць

11 — iri na otu — адзінаццаць

12
iri na abụọ
дванаццаць

13
iri na atọ
трынаццаць

14
iri na anọ
чатырнаццаць

15
iri na ise
пятнаццаць

16
iri na isii
шаснаццаць

17
iri na asaa
сямнаццаць

18
iri na asatọ
васямнаццаць

19
iri na itoolu
дзевятнаццаць

20
iri abụọ
дваццаць

100
narị
сто

1.000
puku
тысяча

1.000.000
nde
мільён

nọmba - лічбы

asụsụ
мовы

Bekee
англійская

Asụsụ Bekee
англійская (Амерыка)

Asụsụ ndị China
кітайская мандарынская

Asụsụ ndị Hindi
хіндзі

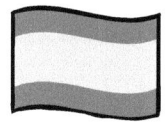
Asụsụ ndị Spain
іспанская

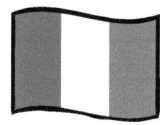
Asụsụ ndị France
французская

Asụsụ ndị Arab
арабская

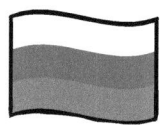
Asụsụ ndị Russia
руская

Asụsụ ndị Portugal
партугальская

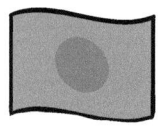
Asụsụ ndị Bengal
бенгальская

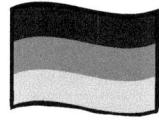
Asụsụ ndị German
нямецкая

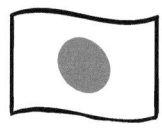
Asụsụ ndị Japan
японская

onye / ihe / olee
хто / што / як

M
я

gi
ты

ya / ya / ya
ён / яна / яно

anyi
мы

gi
вы

ha
яны

onye?
хто?

gini?
што?

kedu?
як?

ebe?
дзе?

mgbe ole?
калі?

aha
імя

ebee
дзе

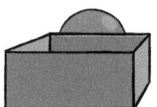

n'azụ

за

n'ime

у

n'ihu

перад

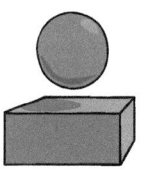

gafee

над

na

на

n'okpuru

пад

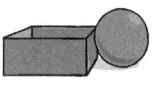

n'akụkụ

каля

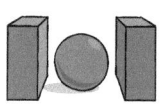

n'etiti

паміж

ebe

месца